生きるために毒親から逃げました。

尾添 椿

イースト・プレス

こんにちは
尾添椿《おぞえつばき》です
タイトルの通り
毒親から逃げました
今は首都圏に移り住んで
漫画を描いてます
この漫画は 核家族の
一人っ子として
生まれ育った
独身の私が
毒親から逃げ
戸籍の分籍《ぶんせき》と
住民票の閲覧《えつらん》制限を
行い
分籍届
住民基本台帳等
閲覧制限
戸籍謄本
住民票
支援措置

親子間の絶縁の法律がない
現在の日本で使える制度を
住民票の
閲覧制限
を両親へかけます。
警察
×月×日 ○○市中央警察
市役所
新戸籍
戸籍謄本
POLICE
すべて使い絶縁
現在
中
高
小
それまでに至る
エッセイ漫画です
父と母との
関わりの中で
自分の親が
毒親だと気づき

「虐待されていた」と
認識するまで
人知れず起きた
いくつもの出来事
それらは本人ですら
気づきにくかったり
気づいても相談しづらく
なかなか外部に伝わりません
「家のことは家の中で
解決する」という考え方と
古くから残る家父長制《かふちょうせい》

子どもを個人として見ず
命の危険にさらした親
彼らと決別した実体験を
漫画にすることで

毒親育ちの人や
家族のことで
悩んでいる人の
力になれたら嬉しいです
うにゃ
うにゃ
うにゃ

もくじ

第1章 予兆

宝物

小さい頃は
かわいがられた記憶がある
あなたは本当に
かわいいいわ
あなたはお父さんと
お母さんの宝物
大事な大事な
宝物なんだから
ずっと一緒よ
宝物だから
一緒にいても
いい
おやつの前に
お片付けしなさい
いや！
ど!!ん

おもちゃ箱にいれるのかわいそう!
イヤイヤ期
言うこときけないの?
お父さ〜ん椿ちゃんが言うこときかないのよ〜
え〜?
じゃあ椿ちゃんを置いて海外でお母さんと二人で暮らすしかないね〜
お行儀《ぎょうぎ》の悪い子は新しいおうちにいらない!ここで一人で暮らすんだよ

3歳の誕生日会もやーめた！
お父さんとお母さんは
ハワイに行こうかな
ヤダーッ
ニコ
ニコ
ニコ
ニコ
お母さんの言うことも
きけないのなら
椿ちゃんを置いて
ハワイで楽しく暮らそうっと
いうこときくから
一人にしないで
ぜんぶがまんするから
おいていかないで
それから
このおもちゃほしい
それは次に
来た時に
買いましょう
ほしいって
いったら
おいてかれる
はい

ケーキ
たべたい
どれかひとつに
してね
あまいの
あまいの♪
いうとおりじゃ
ないと一人に
なる
うん
「はい」
でしょう!!
ぐわっ
そんな下品な返事を
するなら
お父さんもう嫌だな〜
ハワイへ行っちゃおう
あはははははは
うっ…
やだー
ひぐっ
ひぐっ
ひっ
ひっ
ひっ
ひっ
ビクビク
ハワイ
ゆったりぐらし
←フラダンスの
ハンドモーション

ほら
お父さんに
ごめんなさいは?
あーっは はは
ハワイ たのしそう〜
はーっ
はーっ!
グラ
グラ
ひっ
ひっ
グラ
あーっははは
ごめん
なさい
なにも
いわないから
おいていかないで
反抗する力が
奪われていく

公園デビュー

公園デビューをして
女の子と仲良くなった
同い年の子。
一緒に遊ぶの
楽しいな
ともだち
保育園に行く
ことになったの
バイバイ
私はどうして
保育園に
行かないの？
保育園はね
お父さんもお母さんも
働かないと暮らせない
貧乏な子の行く場所よ
貧乏なおうち
なの？
お母さんが
言ってた

保育園には
行けなかったけど
買い物の行き帰りに見る
幼稚園の子を見て
ここに行きたい
ようちえん
幼稚園に入れてもらうよう
何度もお願いしていた
母は面倒くさそうだった
友だちならお母さんが
作ってあげてる
でしょう？
この前 幼稚園と
公園のみんなで
遊園地に行ったの
私は？
「椿ちゃんは
お母さんも
変だからだめ」
って言ってた
ともだち
Break…
友だち
って何？

お母さんと私が変な子だから遊園地行けなかったんだって
…誰のお母さんが言い出したんだろうね…
椿がかわいそうよ…
…来年から幼稚園に行く?
行く!
やったー
季節はかわり
5歳から幼稚園生になるよ
ハイ スモック
わく
わく
私が行きたいと言って通いはじめた幼稚園では
椿ちゃんかわいい
つばき
いじめのターゲットになった

親に反抗することも
できなかった私は
同年代の子とも
コミュニケーションが取れず
泣け泣け〜〜
あはは
あはは
少しは自分で言い返しなさい
もぉ〜イライラする!!
先生にもうまく
伝えられなかった
幼稚園どうだった?
楽しかった
腕どうしたの
けられた
それから数日後
ド謝罪
すみませんでした
ごめんね
母は好都合だと
言わんばかりに
笑顔で接していた

ほら 椿ちゃん「いいよ」は？
いいよ
ほんとはゆるしたくない
夕食時
いじめる子と椿ちゃんは違うもんね
ちがーう
ネ!!
「違います」だろう!!
食事中に話せなくなった
*場面緘黙《ばめんかんもく》だということを後に知った

＊場面緘黙＝ある特定の場面・状況でだけ話せなくなってしまう症状。

幼稚園でいじめられ
家で会話ができない日々
ひとりでおえかき。
感情はどんどん奥のほうへ隠されていった
だるい
つらい
くるしい
かなしい
あっ
かえろ
またね
ぐっ
ひっかけちゃったーまってー
あわわ
そんなある日

べしっ
!?
ズキ
ズキ
うわーん
こころが
チクチクしても
私は
泣けないのに
ストレス発散として
「他人をなぐる」が
追加された
べしっ
なぐられた場所が
痛い時は
みんな泣けるんだ
つばき
いいなあ
みか
たかし
なぐられて泣いている子を通して
自分の心の痛みを
実感したかったからだと思う
我ながら最低である

痛いくらいで
泣いてるの？
つばき
私は置いていかれないように
我慢してるのに
言うことをきかないと
私は一人なのに
なんでみんな
一人じゃないの？
ぼろ
ぼろ
寝ているうちに
一人になっていたら
という恐怖心で
この頃から
夜眠れなくなっていた

第2章 確信

小学校に進学した頃から
父の暴言が増える
父の機嫌がいい時に
おとなしくしてると
かわいがってもらえた
椿ちゃん
いっしょに
おえかき
しよー
おえかきちょう
みんな
こっちで
ドッヂボール
しようぜ！
椿こっちの
チームな！
え
えっと
おえかきちょう
どういうふうにふるまえば
周りに溶けこめるか
わからなかった

どうしたら みんなと 仲良くなれるの
なんで悩むの？
気にしなければ いいじゃない お母さんは 一人でへっちゃら
相談しても 解決しない
椿ちゃん 放課後 遊ぼうよ 帰ったら 電話するね
ガッ
プルルルルル
ガチャ
はいもしもし尾添です～ 椿ですか？ 今、椿は 出かけていていません～ それでは～
しれっ
なんで 断るの？
ヒュ……

クラスの子の遊び
断っておいたわよ
これでいいでしょ
よくない
ぐぬぬぅ
あの子は
どういう子なの？
同じクラスの子で
いっしょに
おえかきしてるの
団地に住んでて
そんな子と
遊んだら
いけません
そんな親のすすめで
放課後は水泳教室に通うことになった
楽しい
バタタタ
けど学校の
友だちと遊びたいな
話題を
増やしたい

話題を増やすため
漫画も読むようになった
漫画を読んでいて
わからない単語が
あれば親に聞く
ねえねえ
協調性がない
ってどういう意味？
みんなで頑張ろうって時に
あたしやらないわ〜
みたいな人
椿みたいな人よ
母親の言うことが
親子らしい会話から
どんどん遠くなる
感じがする
プチ
すっ
きり
ふぅ
モサァ……
この頃から
*抜《ばつ》毛《もう》症《しょう》になる

*抜毛症＝美容目的以外に自分で自分の毛を抜いてしまう、精神障害の一種。

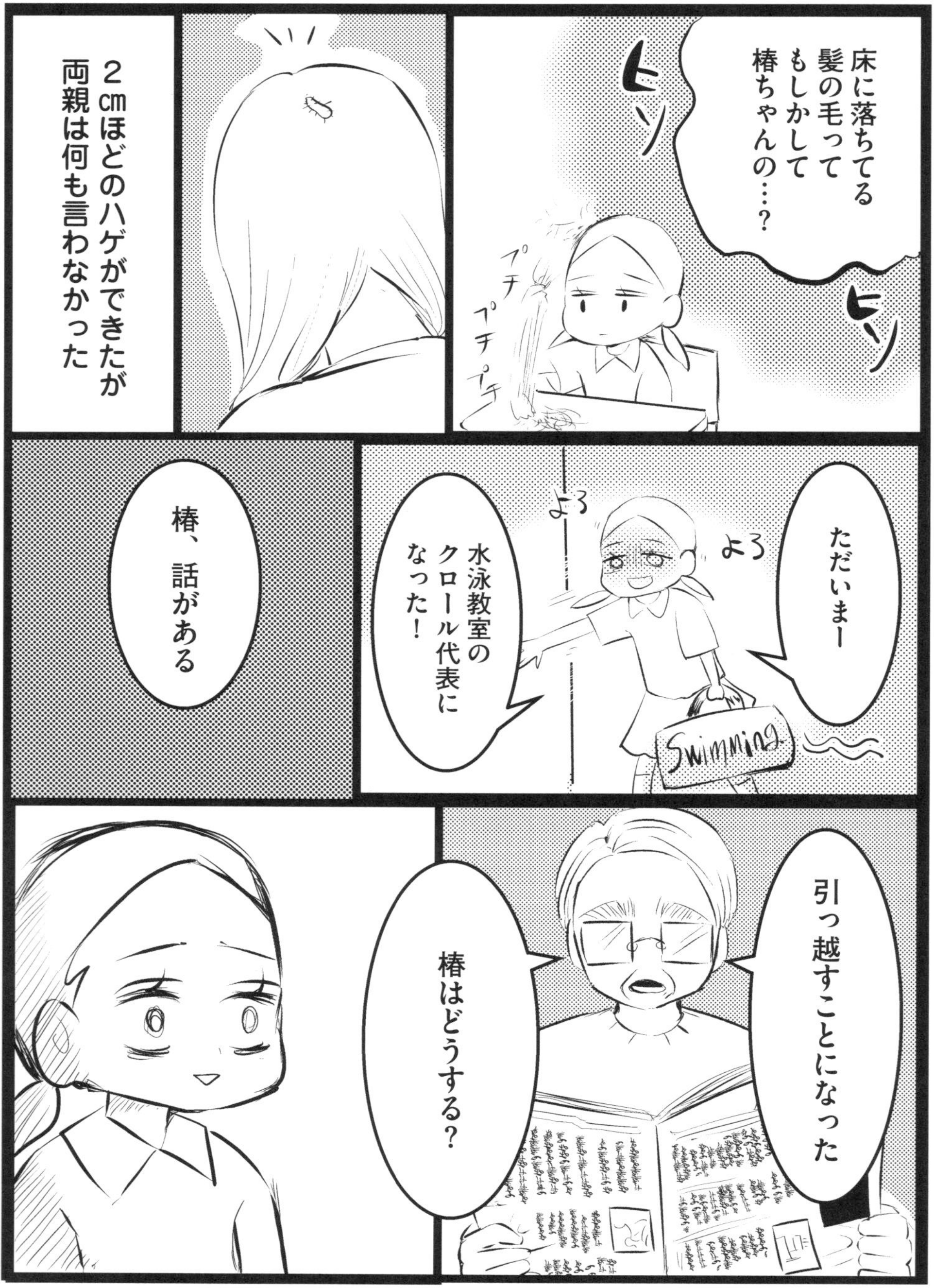
床に落ちてる髪の毛ってもしかして椿ちゃんの…？
ヒソ
ヒソ
プチ
プチ
プチ
2㎝ほどのハゲができたが両親は何も言わなかった
ただいまー
よろ
よろ
水泳教室のクロール代表になった！
Swimming
椿、話がある
引っ越すことになった
椿はどうする？

やだ！
どーん
そうか！じゃあ
この家で一人で
暮らしていくんだよ
バイ
バイ～
今度こそ本当に
置いていかれる
引っ越しに
反対できな
かった
ひっこしのカモメ
引っ越ししてから
風邪を引きやすくなり
お母さん
のどが…痛い…
なあに
また風邪？
椿は病院
大好きねえ～
ゲホッ
ゲホ
ゲホ
ゲホ
ゲッ
体の不調を訴えても
放置されることが増えた

まだ具合悪いし
おとなしく
絵を描こう
ひょっこり
椿は風邪が
治りきってないのか
引っ越ししてから
祖父が家族に加わった
風邪には
ネギ
椿は絵を描くのが
好きなんだねえ
今は好きなことを仕事に
できる時代だから
たくさん描きなさい
移民受け入れ停止で
ブラジルへ行けず
徴兵された人
仕事にする
なんてできるの
かなあ
ぽかーん
祖父は病気がちな私を
心配していたのだと思う

心配した祖父に
病院にかかるようすすめられて
ようやく病院に行った
ここで強い薬は
出せないからねえ
元気はあるみたいだけど
原因は精神的なものですね
そうなんですよ
引っ越したばかりなのに
元気な時は元気で
ウフフ
……
おかしい…
私の親
なんかおかしい
おかしい…
おかしいような…
ずーーん
転入生ちゃん
絵うまい！
絵を描くことは
現実から目を背けた先にあるもので
とても大事な
ものだった

授業で物語の本を作った
話から製本まで全部自分でやってみよう
楽しい
みんな尾添さんの本を見習うように！
私の本はクラス内でそこそこ評判が良く褒められた
尾添さんすごーい！
絵うまいおもしろい
絵を描くことも作品にすることも他人に認められるのは初めてだった
学校どうだった？

授業で作った本が
良い評価だった
よかったじゃない
ほく
ほく
大事にしよう
スッ…
1週間後
授業で作った本
おもしろかったよ
作家になるといいよ
……え？

どうやって読んだの？
お母さんとお父さんが読んだあとテーブルに置いてあったから読んだ
私の大事な本を
お父さんとお母さんが勝手に……!?
じいちゃんは老眼だから細かいところ音読して

ガ
ろくみ
おぞえ つばき
自分が知らない間に
自分の大切なものが
さわられている気持ち悪さに
泣きそうになった
ろくみ
おぞえ つばき
お母さん!
なんで私に言わず
勝手に本を
読んだの!?
え〜いいじゃない
そんなに怒らないで
勝手に引き出し
あさらないで!

なんだなんだ 椿もお母さんも
お父さ〜ん 椿ったら本読んだことで怒ってるのよ
な〜んだ
許してよ〜 お金あげるから〜
あはは あはは
ほらほら機嫌直してよ おもしろかったから
ウフフフ ウフフフ
その瞬間
はい これで機嫌直して

「私の親おかしい」と確信した
なーに受け取りなさ～いお母さんたち悪いことしたみたいじゃない
そう怒るなってな？機嫌直してちょうだいよ～お父さん寂しい
あはは
あはは
はあ
祖父に本の音読はしなかった
あはははははは
あははは
ははははは

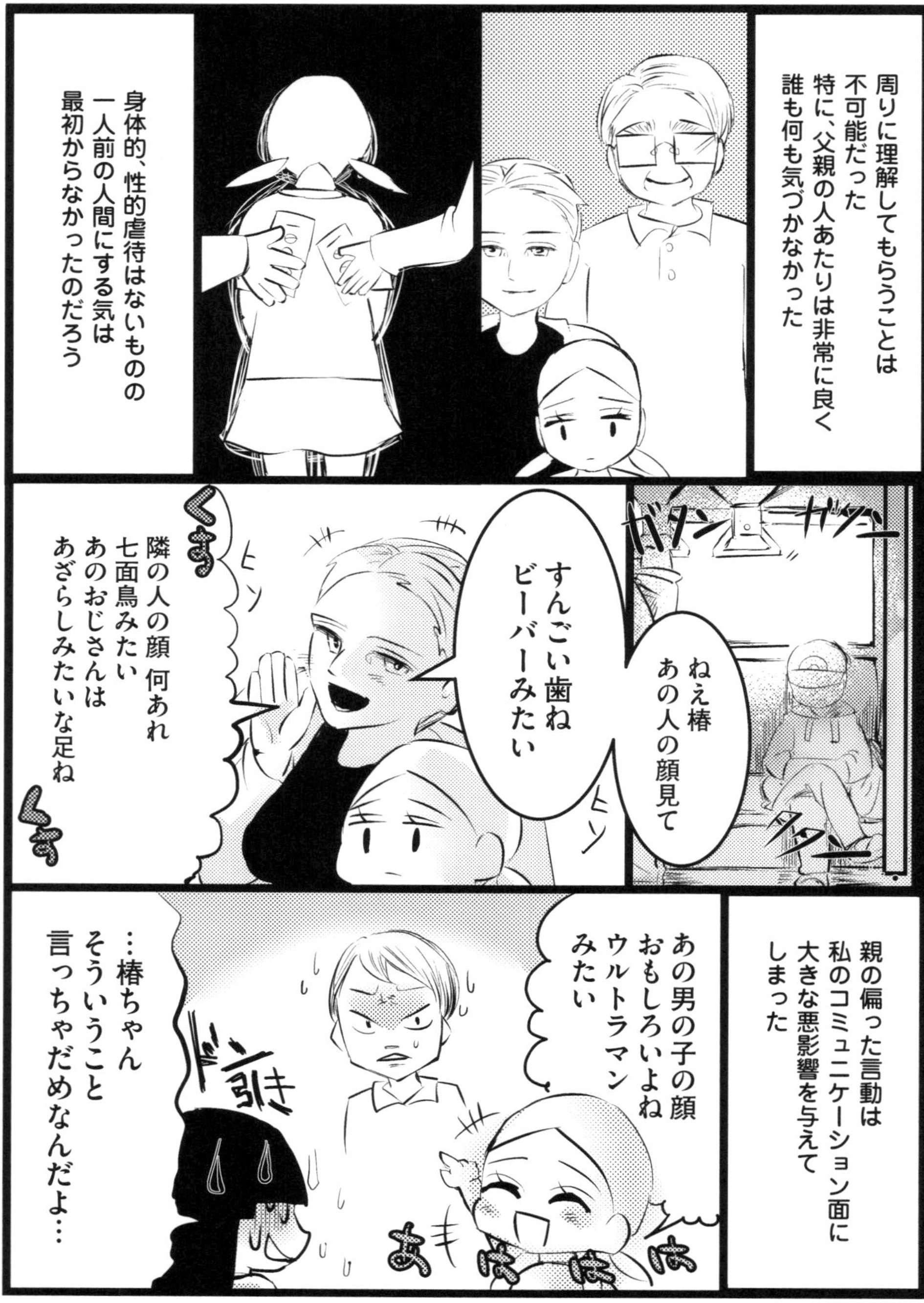
周りに理解してもらうことは
不可能だった
特に、父親の人あたりは非常に良く
誰も何も気づかなかった
身体的、性的虐待はないものの
一人前の人間にする気は
最初からなかったのだろう
ガタン ガタン
タタン
ねえ椿
あの人の顔見て
すんごい歯ね
ビーバーみたい
ヒソ
ヒソ
隣の人の顔 何あれ
七面鳥みたい
あのおじさんは
あざらしみたいな足ね
くす
くす
親の偏った言動は
私のコミュニケーション面に
大きな悪影響を与えて
しまった
あの男の子の顔
おもしろいよね
ウルトラマン
みたい
あはははは
ドン引き
…椿ちゃん
そういうこと
言っちゃだめなんだよ…

あら
こんにちは
授業参観以来
ですねえ
スッ…
母は周りになじめず孤立
（いつものことだが）
何あのお母さん！
クラスが同じだから
挨拶したっていうのに
無視なんて下品ね
……
私も周りになじめず
ここでもいじめの標的にされた
よそ者は
出てけ!!
犯罪者!!
おまえんち
犯罪やって
引っ越してきた
って俺の母さんが
言ってたぞ！
か〜えれ〜
か〜えれ〜
ゴッ
!?

雪玉の中に
石が入ったのを
みんなから
投げられた
大変ね
手当てしなきゃ
明日はこれで
学校行きなさい
給食の時間
こんだて
ぱく
何これ？
担任
ワハハハ
拡大
給食に砂
入れられてて
今日何も
食べてない
何か買って
食べなさい
1000
お母さんは何も
してくれないの？
ある日。
…お父さん
みんなに石の入った
雪玉投げられたり
給食に砂を入れられたり
先生までも…
えー？
椿は気が弱いなあ～
そんなのに負けないで
言い返して
ボコボコに殴ってやれ！
日本新聞

お父さんも何もしてくれないの？
わりと毎日ボコボコにされたが
15cm差。
カッターで私物バラされてた。
私のほうが体格が圧倒的に大きく勝つことが多くなった
物理的いじめは消えて精神的ないじめへシフトチェンジ
お前、最低な母ちゃんを持ってるんだって？
カッターで私物バラした男子→
お前の母ちゃん会っても挨拶もしないしスーパーで夕飯万引きしてるの見たってみんな言ってるぞ
そんな最低の母ちゃん持ってるやつなんか存在するだけで最低だよなあ！

お母さん…
？
何!? そんなこと誰が言ったの!?
もしもしお宅の子がねうちの子にこんなことを
いじめじゃないですかどういうつもりで誰がそんな嘘を!?
ぽろぽろ
ぽろぽろ
わからないって…噂を鵜呑みにしたんですか？
噂を子どもに話したらいじめにつながると考えられませんか？
イラ イラ イライラ
お母さんは私がいじめられることより自分が悪く言われるほうがつらいんだ
ぐずっ
せき…治んないなあ…
ゴァ
ゲホ
ゲホ
ゲホ
ゲェ

抜毛症が悪化し
まつ毛と眉毛が
すべてなくなった
日課。
ブチ プチ
プチブチ プチ
プチ プチ
あんた自分の顔
鏡で見なさい！
ぐい
ぐい
ギョッ
あれ…私の顔
こうだったはず…
生えそろうまで
眉毛は
描いてあげる
抜くの
やめなさい
まったく もう〜
病院に行く
という発想はなかった
ハゲになってるけど
抜くとすっきり
するし…
冬休みの間に
治ればいいや
小さいハゲがいくつもあり、生え際も薄くなってた。
ゲホ
ゲホ

冬休みは具合が悪すぎて部屋から出られず
ゴホッ
ゴフッ
せき…とまらない
体動かない
どうしよう
ゼ
ゼ
ゼ
ゼ
トイレ…
ベッドの中じゃ
だめ…
せめて…
せめて…
ゴミ箱に排泄《はいせつ》
明らかにストレスが原因だった
「大」のほうはしてない!
ゴホッ
ゴッ
ゲホ
重度気管支炎を起こすまで
誰も私の存在に
ふれようとしなかった
10年後くらいに
ゴミ箱で排泄していた私を
なぜ病院に連れて
いかなかったか聞くと
だって～
鬱《うつ》だなんて
気づかなかったん
だもん
と排泄物を片付けていた
母は笑顔で答えた

友だちはできず
一人になることが
あまりにも多かったが
やべっ
あいついるよ
戻ろう
図書室の
本が汚さ
れてる
主に
この3つで
生活。
自宅
図書館
学校
の
図書室
もくもく
ポポー
ポッター
絵を描くことが
好きだったので
一人は苦にならなかった
かいた
絵
小学5年生に
なったばかりの
ある日
背が伸びて
パンツを履くように
なった。
ガッ
!?

痴漢《ちかん》に遭った
ぞっ
モミモミ
モミモミ
家に逃げるように帰り
母に抱きついて
大声をあげて泣いた
現場
HOME
10分かかるハズの道を
3分で走り抜けた。
警察と学校へ報告したあと
落ちこんでいた私に
両親は
ずーん
女のケツモミクソ野郎…。
痴漢か…
通学路が同じ子と
一緒に行きなさい
行き帰りは
できるだけ
車を出す
うん
この子がもしも
レイプされたら
親戚は
どう反応するん
だろうね
アーハハハ

こんな女に
友だちできるわけねえな
と思った
お母さんはなんで友だちいないの?
なにいってるの?
いないんじゃなくて作らないの
友だちは最終的に他人でしょう お母さんと椿と お父さんは家族 家族がいればいいのよ
お母さん 友だちいなくても 一人でどこでも行くから 友だちが必要だと 思ったことない 一人でも楽しく 生きられるのよ
UNITED CINEMARS
IMAXシアターへ ようこそ!!!

うける
だよねー
友だちと遊ぶのも絶対楽しいよ…
…次は友だちを映画に誘えばいいじゃない
お父さんは椿の味方だからな
そう言いつつも父は私に関心があるようでない
本当につらい時は叱咤《しった》を通り越し罵倒《ばとう》するだけで手を差し伸べてはくれなかった
そんなことで
落ちこむな

父は頻繁に家系図を広げて
家を残す理由を説明していた
Vividly
椿はな
長男であるお父さんの子だから
結婚して苗字を変えたらダメだ
家を継ぐために婿《むこ》をとるんだ
子どもを産んだら家系図を…
ペラペラ
なんだお前
椿にそんなこと
話してるのか
祖父は婿入りだった。
そういうことは
父さんじゃなくて
お前が決めるんだぞ
ニコリ
6年生の頃に
かわいがってくれた
祖父が亡くなり
祖父の遺産の一部で
両親は自営業を開始
家が建て替えられ
わりと大きい家になった

お金がある家とわかった途端
周りはおもしろいくらい
私に関心を持った
自分の部屋も
新しくなって
気分がいい
のんびり
周りが変化したことで
自分のストレスが
少し軽減して
抜毛症が治った
もよ おかえり…
眉毛とまつ毛が元に戻る頃
本を読んだり漫画を読んだり
する時間も格段に増え
心は落ち着いていった
読める本は
読んでいった。
そして学ぶたびに
自分が孤独であることを理解した
この物語の子どもは
親に愛されていて
つらい時に
そばにいてくれる
子どもも親を
とても愛している
親は子どものことを
常に気にかけ…

デモンズナータ
かきー かきー
かき
でも趣味が
あるからいいや
以前住んでいた場所の
友だちに手紙を書いて
連絡を取り続け
ネット環境が整う頃には
メールでやりとりを開始
友だちからの手紙や
メールを読んだり
ネットを通じて共通の
趣味の友だちができるたび
自分の孤独を
一時的に
忘れることができた

第3章

激化

中学生になった私は性格が殺伐《さつばつ》としていた
つっけんどんで余計なことを言わないように会話をシンプルにしていたら噂の的になった
少年院から出たばかりらしいよ
尾添さんって
ヒソ
人殺して引っ越してきたんだって
すごいヤリマンだって
ヒソ
誰かが噂を作り、流して一人を陰口の対象にして和平を結ぶ…スケープゴートか
無視。
担任からあなたに渡せって頼まれたプリント
生活指導
何考えてるかわからないからこっち見ないで!
尾添さーんスカートの中見せてよー
乳何カップあんのー?
好きなチン長教えてー
イラ イラ…
今度ア○ルいれさせてね
ブチッ
ガリ ガリ ガリ ガリ
次の日
――という嫌がらせを男子生徒から受けています

言葉の嫌がらせは
エスカレートし
いずれは性的いじめへと
発展するでしょう
職員会議中だ!!
出ていきなさい！
ちなみに今
全部録音
してます
自分を守るために
自ら大ごとにした
教師は謝罪 生徒から謝罪
PTAからも謝罪
男子生徒複数名の
指導怠慢として
運動部が停部になった
よくやった！
制裁くらった
男子ざまあみろ
ワハハハ
ぽん
ぽん
椿はみんなより
体が早く
成長したからな
そういうこと
言うやつが
今後現れても
どんどん大ごとに
していけ
good.

侮辱《ぶじょく》されたら黙らずに戦え
というのはもっともだが
誰も私を守らない
だから私が自分を守らなきゃ
なんで私が噂の的になったのか
その根本には目を向けていなかった
この時にはつらくもなく
絵を描きながら
学校に行くという生活
現実と現実逃避のバランスを
自分で取りながら生活していた
1800年代の
文学に
手を出した。
現実
fiction
油絵の絵の具
きれそうだな
買ってこい
10000

欲しいものを買うためのお金は簡単に渡すのに
ガバ
学校行きたくない
行けっつってんだろ
休むんじゃない
1000−x=(400×x)
20x)=−3
9x+16x=(x−
数学が全く
わからない…
これは勉強不足で
片付くものなの？
お父さんも
お母さんも
椿の味方
だからな
肝心なところで
守ってくれたことがない
ふたたび
ストレスにより
体が悲鳴を上げはじめる

尾添さんはねえ…
国語と社会科の成績なら
難関校を狙えるの
成績表
学力のバラつきを指摘され
塾へ通うも数学は
理解ができなかった
すさまじい
ストレスで
不眠症が悪化
眠れないので
絵を描いていると
早く寝なさい
もう3時すぎよ
ガリ
ガリ
9時にベッドに
入ったけど
眠れないの
眠れないなら
酒を飲みなさい

え
お母さんは毎晩
お酒で寝てるわ
飲んですぐ横になれば
眠れるから飲みなさい
ゴク
ゴク
チュン
チュン
…たしかに
眠れたけど…
デンタルクリニック
近場内科
場内科
眠れない日が
1カ月以上
続いているので
睡眠導入剤をください
これで少しは
眠れるはず
ふぅ
薬局

あんた睡眠薬
もらってきたの!?
どうすんの
中学生が睡眠薬なんて
周りにバレたら!!
薬なんて飲むな
睡眠薬でダメになった
人間を何人も見てきた
眠れなくて
薬飲むくらいなら
酒を飲んで寝ろ!!
うまいぞ〜
結果 酒で寝かされる毎日

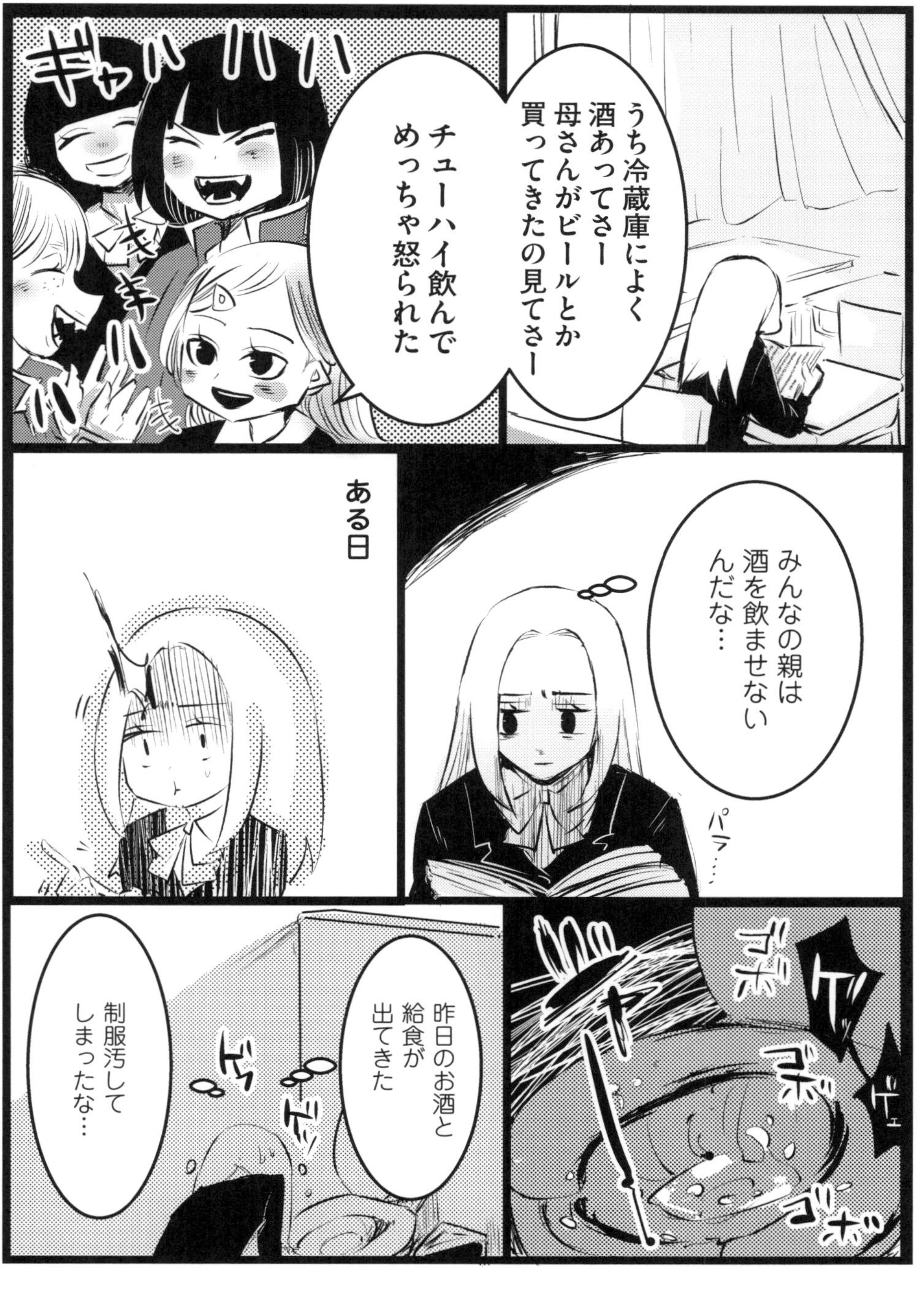
ギャハハハ
うち冷蔵庫によく酒あってさー
母さんがビールとか買ってきたの見てさー
チューハイ飲んでめっちゃ怒られた
みんなの親は酒を飲ませないんだな…
パラ…
ある日
ゴボ
ゲッ
ゴボ
ゲェ
ゴボッ
昨日のお酒と給食が出てきた
制服汚してしまったな…

ゲロって制服汚した臭いが気になる
なーにやってんの～
あんた、そういうのやめなさい吐くの
ハァ～
香水をかけて学校に行くようになった
シュ
バレて家まで帰れなくなったら本当に一人になってしまう
今もフレグランス大好き。
CHENEL
ゲロの臭いを隠すためにつけはじめた香水は
いつの間にか酒の臭いを消すためにつけるようになった
ぽん

あなた香水つけて学校来てるよね？
アラン・ドロンの香りね…
スクールカウンセラーとして勤務していた女性が私の異変を見抜いた
この人とは今も交流があります
ニコ
ニコ
SC
バレたらしばかれると思ってた
この時中学2年生
飲酒歴は半年ほど
初めて大人が私に気づいた瞬間だった
無理に話さなくていいよ
最近あったこととか話してくれるだけでいいから
ニコ
ニコ
最近はどうだった？
私
子どもの頃から…
私は今までのすべてを時間をかけてゆっくりと話した

つらかったね…よく生きてたわ
あなたのお母さんと話してみる
・お酒
・メンタルへの無理解
担任と保健室の先生にも話しておくから気分が悪い時は保健室に行くんだよ
私のために大人が動いてくれても親は聞く耳を持たなかった
中学生ながらに「私の状況は異常なんだ」と思った
翌週
椿さんのお母さんと昨日話したんだけどね
椿さんの話をしているのに「私が悪いの？」って受け取るばかりで…お子さんを見ているのかわからない印象だった
でも椿さんを通院させるようにすすめたから

人生初
小児心療内科にかかる
小児心療内科
でかい…
緊急性があると判断され
複数の薬を処方された
1日1回
朝に処方。
のみぐすり
1日1回
あの病院から薬を
出されたんだな
精神科の薬で
ヤク中の目に
なってる
そんなもので
心を落ち着かせるなんて
シャブ中と変わらない
そんな薬
飲みはじめたら
30年後廃人だ
薬は全部
預かる
もちろん捨てられた
通院を
やめさせられた

鬱になったり
おかしくなったら
座敷牢《ざしきろう》に入れて
一生出られないのが
当たり前
お前は本当に
良い子だった
手のかからない
おとなしい子だった
病気なわけない
薬はやめろ
医者は病名をつけて
薬を売りたいだけ
座敷牢に行くような
病気になったことが
あるなんてバレたら
婿もとれないし
結婚もできないだろ！
親族にバレたらどうする
何も
言えなくなった
つらい、苦しい、助けて
それを言うのがダメなら
どういう顔をして
すごせばいいの
重たい気持ちのまま
夏休みをすごした

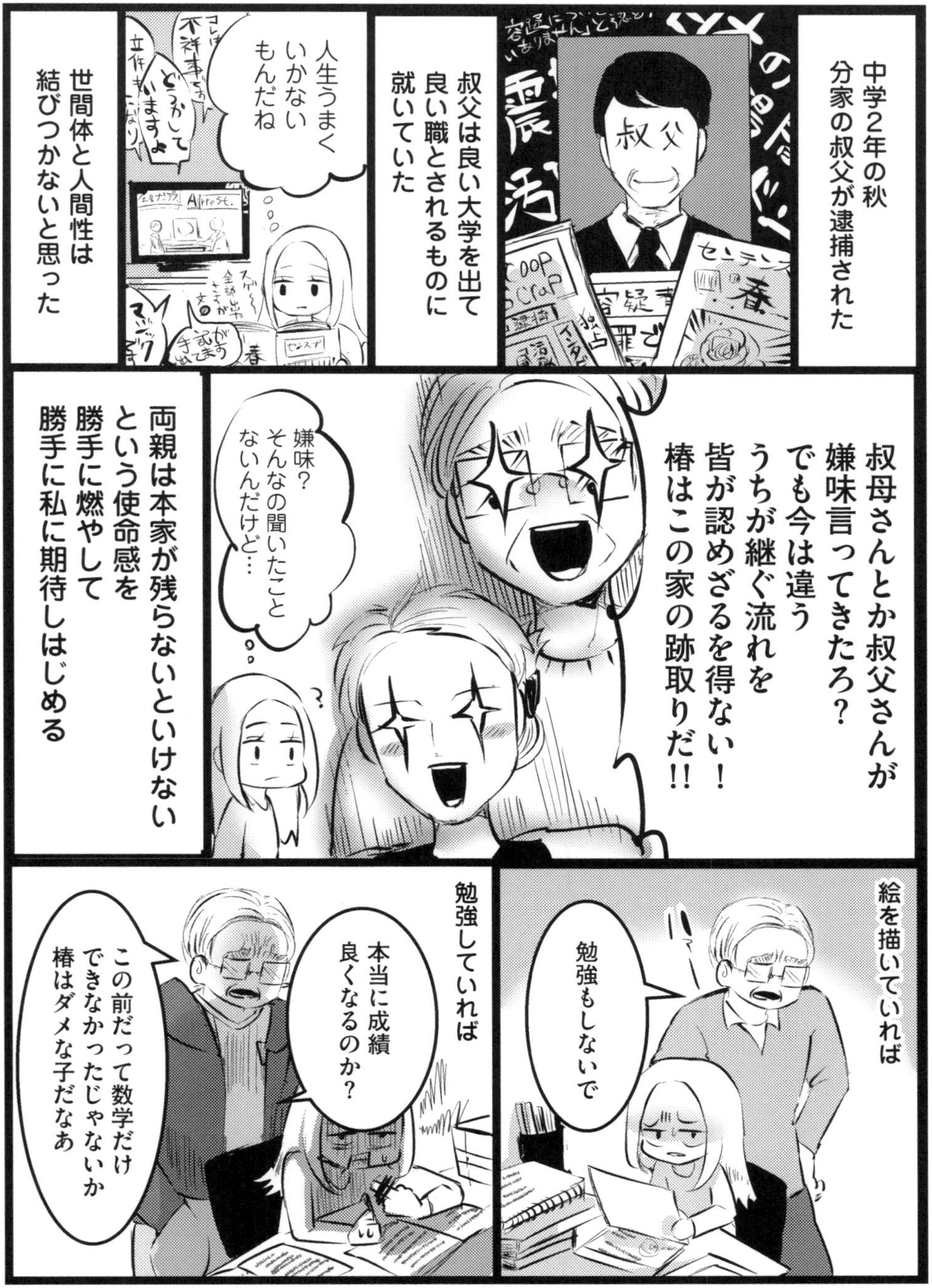
中学2年の秋
分家の叔父が逮捕された
叔父
叔父は良い大学を出て
良い職とされるものに
就いていた
人生うまく
いかない
もんだね
どうかしていますよ
世間体と人間性は
結びつかないと思った
叔母さんとか叔父さんが
嫌味言ってきたろ?
でも今は違う
うちが継ぐ流れを
皆が認めざるを得ない!
椿はこの家の跡取りだ!!
嫌味?
そんなの聞いたこと
ないんだけど…
?
両親は本家が残らないといけない
という使命感を
勝手に燃やして
勝手に私に期待しはじめる
絵を描いていれば
勉強もしないで
勉強していれば
本当に成績
良くなるのか?
この前だって数学だけ
できなかったじゃないか
椿はダメな子だなあ

口癖
椿は本当にダメな子だなあ〜
はぁぁ〜
頭も悪くて絵ばっか描いて…何もできないじゃねえか
どうすんだこのデブス
父の枕を包丁で滅多刺しにしてストレス解消をした
父は枕について何も言わず黙って買い替えていた
…殺すぞクソが…
けれどデブスという言葉がきっかけで摂食障害に陥る

食べられなくなり
体重が落ちていく
うっ
うっ
-6kg
そして酒を飲み
酔って食べては
嘔吐する
はー
はー
ねえあんた
ナプキン減ってないけど
最後に生理来たのいつ？
ひっく
ひっく
半年前
婦人科
生理不順は
思春期に
ありがち
ですが
男性ホルモンと女性ホルモンの
平均数値の逆転と
多《た》嚢《のう》胞《ほう》性《せい》卵《らん》巣《そう》症《しょう》候《こう》群《ぐん》の
気がありますね 投薬治療で
男性ホルモンは抑えられます
よくあることです。
パタン
今の体質は
妊娠しにくく
排卵も少ないので
ピルで生理周期を
安定させましょう

生理が楽になるならどんとこい
ニコ
わかってよかったじゃない将来子ども産む時原因に悩むことないでしょ
ニコ
処方ピル
なんで将来産む前提なの？今の私はどうするの
元気づくと思って言ったのよ怒らなくていいでしょ
あなたのこと考えて言ったお母さんの気持ちは無視か
言われた人の気持ちを考えない言葉は無視するよ
ピルで生理周期が安定する頃高校受験期スタート
体調のこともあるし推薦と筆記試験両方受けよう
推薦落ちた
教師が生徒の親を対象に推薦合格させてるからしょーがないよ
わははははは
推薦落ちて筆記試験なんて人間やめちまえ
無事合格した

＊実際こういう噂が流れてました。

椿も高校生か〜学校の勉強もいいけどちゃんと社会の勉強しとけよ？
良い成績残すために必死に勉強して社会的な勉強できなくて使えないやついっぱいいるからな
言ってることは正しいけど…
高校なんて行かなくてもいいぞうちの跡取りだから
高校進学
高校は行くに決まってんだろ
親の期待は無視していても勝手にふくらんでいった

第4章 限界

小・中学校の同級生が
誰もいない高校に
進学したので
学生生活は
とても楽しかった
今日の放課後
カラオケ
行かないの?
今日はいいやー
バイトだし
尾添ちゃん
バイトしなくても
良いご身分だろ
家柄や金銭的余裕があるだけで
「悩みがなさそうな
恵まれている人」に
カテゴライズされるのはつらかった
嫌味なんか
気にすんなって

おっしゃ
カラオケ行こ！
バイブスあげとけ
カラオケいっとけ
結果的に
性格を見る子とだけ
友だちになった
今も仲良しです
学生のうちに
何度か絵のコンクールで
受賞して 絵に対する
自信もつき
大人になっても
描き続けたいと思った
頭に浮かんだものを
紙に描き起こすことは
生きた心地がする
絵を描く仕事をして
食べていければいいなと
思いはじめると同時に
誰かを救える
人になりたい
という漠然とした夢を持つ
でもどうやってなれるかは
わからなかった

学生生活を謳歌《おうか》している最中
まだあるヨ
アップルパイおいしいねー
うめぇ
ぱくっ
りんごアレルギー発症
Allergy
!?
歯茎《はぐき》とのどがかゆくなり血管が刺すように痛みだした
気管支がはれ呼吸がしづらくなり早退して病院へ
呼吸器内科
総合病院
よろ よろ
小さい頃から軽度のアレルギーだったのが積み重なった結果か摂取量オーバーのどちらかだね
どっちにしてもりんごはもう食べちゃだめだよ
アレルギーチェッカー
OUT: Apple
だがここでも親は無関心を発揮した

お昼にカレー作ったわよ
ほく ほく
ピキ ピキ
ごめ〜ん りんご入ってた?
ザ
ゴペッ
そんなにわざとらしくしないで!
ははは
椿はいつも大袈裟だな〜
ん〜おいしい! おいしいカレーを食べられないなんて椿は可哀想だな〜
おいし〜
デザートのりんごも椿の分は食べちゃおう
わい わい
おいし
はー はー

怖くて
お母さんのごはん
食べられない
ゲッ
ゲホ
でも
食べられないって
伝えると
何食べないの？
食べなさいよ
じゃあこれ
どうすんの
捨てる!?
冷蔵庫に
置いて
どうせ夜中に
食べて太ったたって
騒ぐんだろ
今のうちに
食べとけよ
まあいいや
絵を描こう
おえかき
かき
かき
ゲホッ
ゲホ
ゲホ
最近なんか
体の調子悪いな…？
ゲフ
ゲホ
病院にかかると
先天性の病気で
即座に手術が決定した

何カ月か入院が必要ですね
MRI結果
先生が出てきて その日のうちに 入院と手術が決まり
ははは
大丈夫治るよ
全身麻酔の手術を2回行い 2カ月入院することになった
101
尾添 椿
ちーん
ブーブー
何
お父さんだ 何か不安とか 持ってきてほしい ものあるか?
…入院したし 全身麻酔だったし 単位落とさないか 不安…
だからさあ そういうのを不安… はあーっ もういいよ 学校のことなんて どうでもいいだろ 明日見舞いに行くから 欲しいものあるか!? ないなら切るぞ!
ブチッ

ぐはっ
尾添さん おはよう
ひょっこり
いきなり全身麻酔になって びっくりしなかった?
執刀医は私に頻繁に 声をかけてくれた
びっくりは しなかったんですけど…
昨日の夜 消灯時間過ぎてから 親から電話あって… 不安なことあるかって 聞かれて 単位落としたらどうしよう って言ったら 電話口でどなられて… 3時まで泣いてました
…
あんまり 自分を責めないでね
…そういうこと よくあるの?
精神不安定なのを 医師が見抜き 院内の精神科を紹介された

この時 高校3年の春
精神科を受診すると
思春期外来
外来担当の先生。
次の診察で心理検査をします
検査結果まで1カ月ほどかかりますが…
どんなこと するんだろ
検査の末
発達障害発覚
※検査内容は割愛
※広汎性《こうはんせい》発達障害と学習障害です
尾添さんは知能に問題はないけど生活に困るタイプ
WAIS
尾添椿
ここで説明
学習障害（LD）とは
会話や知能に問題はないけれど
文字の読み書きや計算、立体視や空間把握がとても苦手な障害
人によって
文字が苦手なだけ
空間把握が苦手なだけ
だったりします
折り紙やジオラマが苦手とか。
おりがみ

※広汎性発達障害＝社会性やコミュニケーションに困難を伴う発達障害のひとつ。自閉症やアスペルガー症候群もこれに含まれる。

私の場合
1. 空間認識がうまくできない
2. 平衡感覚をとらえるのが苦手
3. 計算が非常に苦手
この3つでした
1. 空間認識ができず視覚で立体をとらえるのが苦手
お風呂のお湯を張る時も上から見てどのくらいたまったか把握しづらい
?
ザー
ちょうどいい
すくない
どっちか分からないこと多々……。
2. 左右非対称でバランス感覚をとらえるのも苦手
洗濯物を畳んだり干したりする時にバランスよくできないよく左右をかけ間違えたまま干している
理想
現実

3．数字の計算がとても苦手で金銭管理に苦労する
暗算での足し引き算ができない かけ算はできるけど 33×4とかになるとわからない
出先でお金が足りなくならないためにお金を多めに持っていく
他にも組み立てや分解が得意ではなく
段ボールを畳むのも一苦労だったりする
学習障害と診断され真っ先に浮かんだのは
発達障害
だから異様なまでに数学だけが苦手だったのか…
高3数I 小テスト 4
数学 6 中学2年中間
21 高2数I
数学 18
数II 8
安堵《あんど》だった

後日 診断結果を
母が聞き
あの
治るん
ですよね？
先天性の障害なので
治る治らないの
問題ではないです
幼い頃から椿さんは
身近な人の無理解で
苦労されています
本人のストレスを考えたら
もっと早くに受診しても
よかったと思いますよ
ニコ
言葉を失っていた
どうやって
対処していこう
どーん
数学
テスト
立体視
安堵する私に対して
両親は私への扱いを
少しずつ変えていった
初心者
立体
やわらか数学I

両親は罵倒の相手を子どもからお互いに変えたようで
今の音何？
スカイプ中
親じゃね？
夜中まで大声でケンカしていることが増えた
掃除中にカップを割ったある日
そういうのもわかんないんだ…
あんた最近目つきがおかしい
発達障害って診断されてから落ちこむようになったでしょ
障害なんて言われないほうがよかったんじゃない？
黙ってればわかんないんだもの
この言葉を受け取って以来

私は母に対し野蛮な物言いをするようになった
しばき倒すぞゴラァ
親は今まで私が絵を描くことに反対しなかったのに進路相談の時期になると
専門か大学に行きたい？
進路相談
お前に才能なんかあるのか!?
出たとこで絵描きになれるのは一握りの世界だぞ
大学？奨学金？あんなのただの借金だよ！進学したい!?ふざけるな
技術で生きたいなら他のライバルが専門行く間に技術を磨け

誰の金だと思ってる！
両親は突然 私にお金をかけたがらなくなり進学に猛反対就職活動し 内定しても辞退を強制自立することも許さなかった
さらに 遠回しに障害を伏せることを強要した
他人にそういうこと言っちゃダメだからね頭のおかしい人と思われるでしょう
「黙っていろ障害なんてバレたら立場がなくなる」
親戚が来るからお前は部屋にいろ出なくていいから
「お前は理想の子どもじゃない出すのも恥ずかしい」

なんで専門も大学も行けないの…みんな進学しているのに…
就職だって…
しばらくゆっくりしてなさい椿は宝物なんだから
お前が本当にやりたいことも決まってないんだろう
うち継がないか？
やだ
個人として見られていない宝物と言われるけどそんなふうには感じられない
でもどこかで
親だからこの二人なりに愛してくれてるのかも
そう思っていた

ずっと 親の顔色をうかがって 生きてきた
が
そんなことすら アホらしくなってきた
はい お金
高校卒業後 療養生活の合間に バイトをしたお金で 旅行に行くたび お小遣いをくれた
旅行中にお金 足りなくなったら 困るでしょ
ほら
進学には お金がかかるからと 否定的だったのに
お前もね 死んだら おじいちゃんとおばあちゃんと お父さんがいる ここに入るんだよ
なんなら 今すぐ入ろうか？
じわじわと感じていた 違和感が 毎日確たるものへ 近づいていくたび

向き合っても親は
どうにもならないと理解し
自分の生き方の決定打が
ないままの状況の中
イラストの仕事で誌面デビューできた
自分の
イラスト
才能なんかあるのかって言ってたよね？これ見て！
ふんす ふんす ふんす ふんす
自分のコンセプト フルカラー
オリジナルイラスト見開き
言葉ではなく
実力で返した
うん うん
…うん 良い絵だ
どんどん描け
こういうのが積み重なって仕事になっていくんだ
ハイ
仕事させたくないくせに
まあいいか描くのが好きだし
人生の苦楽を共にしてきた
「絵を描く」ことが
仕事につながったことで
「ずっと絵を描き続けたい」
と強く思った

手術も落ち着き経過観察が終わってからは主治医から療養生活に徹するよう言われた
無理をするなって主治医に釘さされたし
何かするにしても体力が削れるようなことは控えないと…
バイトル
カフェクーポン提示で
ドリンク1杯
ねこおやつ1個
サービス!!
ねこ Café
京都に行った時保護猫カフェに行ったな
保護猫団体…この辺にもあるのかな?
あった!ボランティア募集してる
カフェの掃除をしたあとは猫とふれあい放題!応募しよう!
ボランティア
保護猫カフェのボランティア活動はアニマルセラピーのお手伝いだった
スリッパかえして
動物好きを通じて知り合う人たちとの交流も良い刺激になった

そんな中 趣味つながりで 一人の女性と出会った
うちの犬が 可愛くて〜
しっぽ切ってない コーギーで モフモフ元気
あら〜
動物と漫画が好きで 旦那さんと二人暮らし 犬を飼っている
ご両親いるんだ 私のところは 母が自殺 してて〜
!?
さらっ
あまりにさらっと 言うその姿に
でも母さんが死んで 悲しいとか思ったこと ないんだ！ 迷惑かけられたし！
私は少しずつ 両親のことを打ち明けていった
コトン
私は…
手術したり長いこと 病院通ったり …進学も就職も できなかったけど
友だちって いいな
Cafe
ねこおやつ 100円
彼女と仲良くなれたことは とても嬉しい出来事だった

決意

あんた
結婚は無理かもね
ある日突然
何かが始まりだした
結婚だけがすべてじゃないでしょ
つーかなんで決めつけてんだよ
だって協力しないし
何に協力しないのかは
言わなかった
なんだろう
この違和感
ざわ
ざわ
感じたことのない
違和感を覚えて
会話を控えた
スス

お前どうするか
ちゃんと考えてるのか
考えてるよ 今は…
そうじゃなくて
家のことだ
お前はこの家を継ぐよな
でもその次はどうするんだ
結婚しないんだろ？
子どももできにくい
体質なんだよな
お前がお父さんくらいの
歳になった時に
家を継がせるための
養子をとって育てるんだ
椿
どう考えているの
す
お金のない人は
養子なんか
もらえないんだから
うちは恵まれているから
人を使って
生きていくのよ

幼い頃から
本家の跡取りの子だから婿をとれ、家を継げと言われていたけれど
さすがに違和感を持った
家と苗字を守っていく それがお前の使命だ
ぞっ…
結婚しないだろうって何言ってるの？いつ縁があるかわからないものでしょ
養子って…お見合い結婚とかすっ飛ばしてそこに話が行くのはどうしてなの？
妊娠しにくい体質と養子の話がどうして結びつくの？

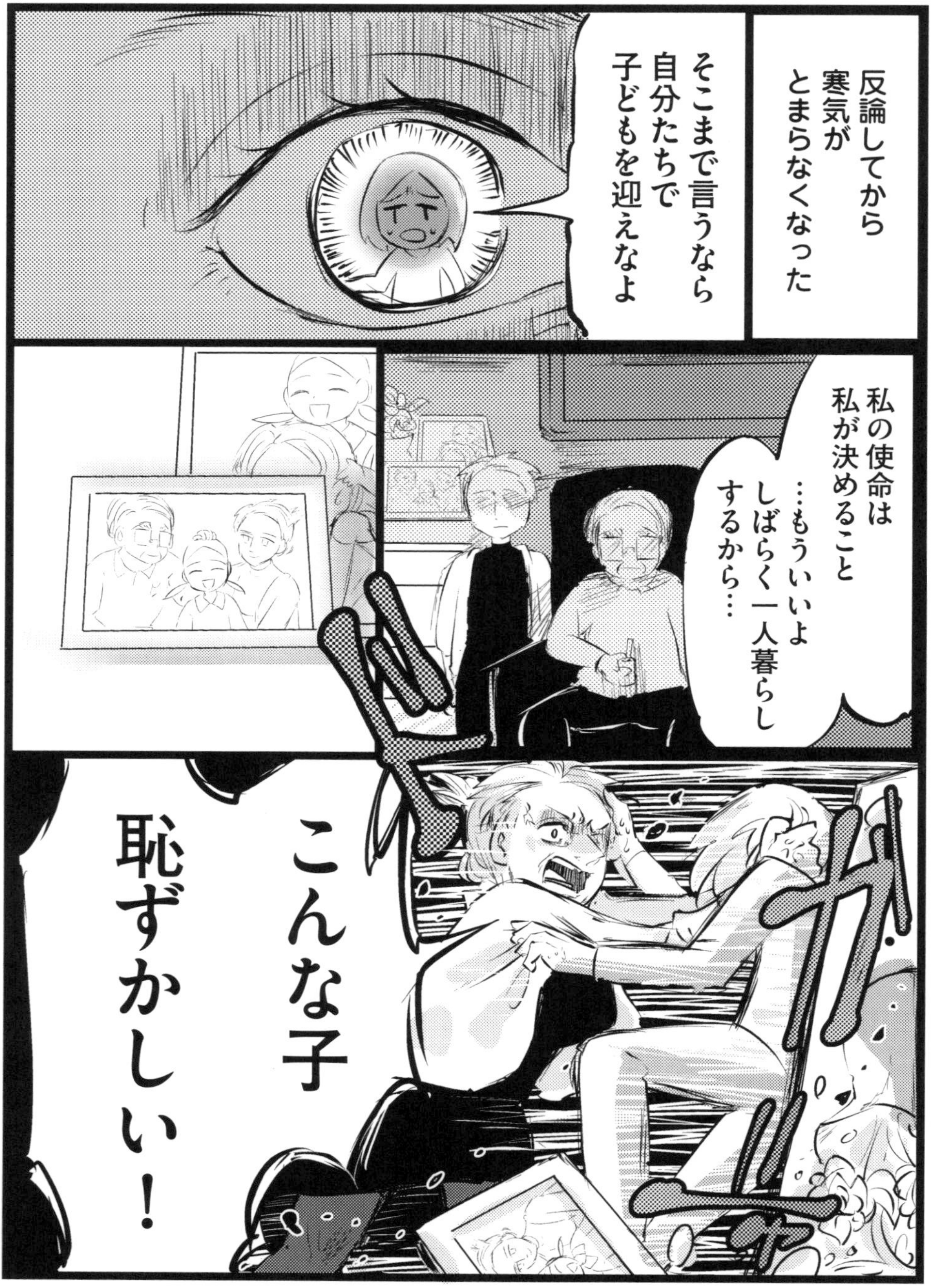
反論してから
寒気が
とまらなくなった
そこまで言うなら
自分たちで
子どもを迎えなよ
私の使命は
私が決めること
…もういいよ
しばらく一人暮らし
するから…
こんな子
恥ずかしい！

殺してやる！
やめろやめろやめろ
母さん
やめろって
あんたのこと考えて
やってあげてるのに
家族でしょう！
こんな子いらない！
おい母さん
椿が…！
…！
救急車
呼ぶ

救急車に乗るための担架に乗せられた時朦《もう》朧《ろう》とする意識の中耳は聞こえていた
搬送先に伝える容体をまとめます
パニックと過呼吸
母親と口論になり…
私なんですか？
ヒュッ…
首から下の感覚がない

外来用
救急車に同乗した母の言いくるめにより事件性はないと判断され
意識が戻り次第帰宅することになった
家族ってなんだ
救急車で来て疲れたでしょ飲み物買ってくるね
▲スナドリブチツマ ガラパゴスネコの赤ちゃん(生後2ヶ月)
提供：アニマルズポッポンポンサー大砂川原ラボ
「絶滅危惧種が人工授精により繁殖成功」
「赤ちゃんたちは飼育員のもとですくすくと育つ」
かわいいな

飲み物
買ってきたわよ
スマホ
ポチ
何それ
ニュース？
あんた人工授精は
どうなの？
家族ってなんだ
血のつながりが
すべてなのか？
絶対に違う
母は母だけど
絶対に家族ではない

点滴を終えて帰宅する頃には
丸1日経過していた
帰る場所に
帰るのが怖い
よろよろ
父の部屋
?
ハァ

あんしん あんぜん
子育てパパ・ママのための
しあわせ活
ご家族が
体外受精を受ける
結婚しないんだろう
子どももできにくいんだよな
お前は
この家を
継ぐよな
うちは恵まれてるから
人を使って
生きていくのよ
結婚は
無理かもね
家と苗字を
守っていく
それがお前の
使命だ

あんた人工授精はどうなの？
くしゃ
ぽい
逃げよう、危ないこの家にいることはもうできない

第5章 脱出

療養生活に徹していたため
メンタルクリニックにも
定期的に通院していた私は
うーん… きつかったね…
馴染みの心理士さんに
出来事を話し
どうしたらいいか相談した
一人暮らしを
視野に動いてみよう
一時的に家を出て
両親の反応を見て決めても
遅くないんじゃない？
警察に捜索願とか
出されないよう
置き手紙はしていくこと
と言われたけど
どこに逃げようか…
とりあえず
置き手紙を
書いてみよう
すっ

お父さんとお母さんへ
この前の出来事は
とても傷つきました。
家のために子どもを産む。
まるでそれしか価値の
ないような言い方も
家を継ぐことが使命だと
お父さんの目線で完結した
ことを言われたことも
とても悲しかったです。
言うことをきかないと
「お前を置いて海外へ行く」と
何度も言われたことも
覚えています。
お母さんが私の首を絞め
救急隊員が搬送先の病院に
症状を伝える時に
「母親と口論になり〜」と
説明している時に
「私なんですか？」と
少し笑いながら言ったことも
覚えています。

「あんた人工授精はどうなの」と
笑顔でお母さんに言われて
本当は泣きたかったです。
今でもすごく悲しいです。
結婚がすべてですか。
子どもがすべてですか。
生きている人間がすべて
なのではないかと思います。
私は生きています。
モノじゃありません。
私を見てください。
なんだかんだと便せん3枚も書いてしまった
これでいいのかな
心理士さんに読んでもらおう
翌日
心理士さんいますかー
ガーーッ

今日の心理士は私のみです
初めまして
かくかくしかじか
私でよければ読むけど
初めて会う心理士さんに手紙を確認してもらうことになった
勢いでばーっと書いてしまったので…
直したほうがいいとかありません？文章おかしいとか…
この手紙に直すところなんてどこにもない
この手紙にはあなたの気持ちがすべて書き出されている
結婚や子どもがすべてではない… 本当にね 私もそう思うわ

私もね ずっと独り身で…
その心理士さんは少しだけ身の上を話しはじめた
母親が精神疾患だったこと
当時の交際相手に母親をバカにされていたこと
その交際相手との子どもを堕胎したこと
以降ずっと一人だということ
つらくて何度も死んでしまおうと思った
でも
絶対に死ぬものか
ぐっ…
母さんとあの子 …二人の分まで生きてやる

あなたはね子どもを産むために存在しているわけではない
親の期待のために生まれたんじゃない
あなたは一人の〝人間〟なの
ぽろ
この時の会話がなければ
私は負の連鎖を断ち切れなかったと思う

私が欲しかった言葉が
初めて他人から
与えられた
母の「宝物」は
「モノ（物理）」の
意味だったと理解し
愛されてなかった
ことを受け入れた
本当に頑張って生きてきたね
あなたは生きるべき
人間よ
ほらもう
泣かないの！
勝手に期待して見放し
愛さなかった両親と
絶縁することを決意した

ガチャ
フラ
フラ
パ
タ
ン
…
もしもし…
あー尾添さん！どうした？
…あとで事情を全部話すから数日泊めてもら…
ぐっ…
全然オーケー！むしろ来て！
大事なものを先に友人宅に送り当日はキャリーケースひとつで逃げられるようにした
それどこに送るんだ
メルカリとネットオークションと買い取り店
Channeell
Gothic
BANSTAR
Ke.Style
リボンベア
マスク
HAIRMES
金羅紗
新米
よし これであとは逃げるだけ
ぐっ
ぐっ

深夜に起きて
両親が寝るのを確認してから
キャリーケースを持った
ガラ
ガラ
毎晩遅くまで酒を飲む
両親の朝は遅く
問題なく逃げられた
2019年
6月某日
明け方
祝うような晴天だった

快く受け入れてくれた友人にすべての事情を打ち明けた
モフ
モフ
実は…
私は尾添さんと友だちになれて嬉しいよ
あなたが生きててよかった
ぺろぺろ
物件が見つかるまで友人宅にかくまってもらうことになった
母から「置き手紙を読んだ」「帰ってきなさい」という旨のメールが頻繁に届いた
ピロリーン
が
このままでは警察沙汰にしかねないと判断
MOTHER
お父さんしょんぼりし
ご飯はどうするの？
お父さんも分かって
と思います。早く帰
どこにいるんです
連絡下さい。
いつ頃帰ってく
居るの？帰る気
メール下さい
下さい。下さ
下さい。下さ
お父さんが
と言ってる
帰ってき
うわぁ
ぞっ
落ち着かせるために「一度だけ」家に戻ることに

一人で帰宅した場合
拘束される
危険性があるため
どんな人なのか
会ってやろうじゃ
ないか…
共通の友人
椿ちゃんの
お母さんひどい！
同じ女として
ありえない！
ギル
ガチ
友人2名に
同行してもらう
ことになった
本当にありがとう
帰宅する時は
「一度だけ」「二人以上で」
「第三者を交えて」
帰宅すること
二人がリビングで両親と
対話してくれている間に
荷物の最終回収に向かう
もし個人情報聞かれたら
適当なことを答えてほしい
危なくなったら
迷わず警察を呼んで
心理士さんによる
身の危険を避けるための
アドバイスだった
(怒りが)
燃えてきた
ド正論
突きつけてくる
頼もしい友人二人と
魔界へ向かう
冒険者一行のように
帰宅した
ゴゴゴゴゴゴ

椿ちゃんの友人です！
母娘設定
椿がお世話になっております
予想通り世間体が大事な親は友人二人に良い顔を向けた
＊自室
パタン
どうぞどうぞこちらにおかけください
荒らされた形跡なし
しゅばば
荷物を回収
ば
ば
自室が1Fにあった。
どさっ
頃合いのハズ
ひょっこり
二人とものど乾いてない？
引き上げの合図

椿さん
何？
よそのご迷惑に…
そんなことないです！椿さんが来てくれてから家が明るくなって～
にこ
椿さんが家にいてくれるおかげで毎日楽しいです！
にこ
この前のこと話したらうちにおいでよって言ってもらえて
しばらくはお世話になる

すみません この子
昔から悪いほうに
取る癖があって
椿ちゃんは
前向きに考える人
ですよ
今までよく我慢してた
なって思います
積み重なってきたものが
弾けたわけですから
関係を修復するにしても
時間が必要です
いえ 積み重なっては
いなくて 小さなこと
でも受け取り方が
暗いほうへ行く子
なので…
すみません
どうしてこうなったか
わからないんですが
お母さんがそう思うの
でしたら 今は一時的に
離れていたほうが
椿ちゃんにとっても
ご両親にとっても
最善だと思います
距離を置いて暮らすことを
選んだ椿ちゃんの意見を
尊重しないと
今後も同じことが続きます

私が悪いんですか？
良し悪しではなく家族のためにならない選択はしないほうがいいと思うんです
すごく大事なこと言ってくれたんだけどお母さんわかる？
わからないですなんでしょうか
一言でも謝ろうとは思わないんだ
ごめんな
父だけは涙を流して謝った

じゃあ
いこっか
荷物を持ち
お昼を食べるため
ファミレスに
着いた途端
本っっっ当に
怖かった…
40年近く生きてきて
こんなに怖い思い
したことない
殺される時って
あんな感じ
なんだろうなあ…
えっ
泣くほど?
最初に話してる
時はさあ…
うわっ!!
って思うくらいきれいで
無害そうな顔した
お母さんだなって…

お父さんは心配してそうな感じだったし会話してて悪い印象なかった
ココにもイスがあるのにナゼか座らなかった。
母
父
お母さんはあまり会話に入らずに時折相槌打つくらいだったの
でも椿ちゃんを見たお母さんの顔が一瞬で変化したの見て私はここで死ぬのかと…
Shark.
ホオジロザメみたいな顔だった
1人だったら椿ちゃんしんでたよ…
ファミレスに座り1時間後メールが来た
ピロリーン
ご友人の家にハムの詰め合わせと素麺を送りました。たまには顔を見せてください。待ってます。
謝罪は？

…家聞かれた時 適当な住所書いておいて よかった…
ここの特盛パフェ みんなで食べよう
この日が最後の 実家訪問だった
友人宅ですごして 1週間目のある日
そういえば 置き手紙とかした？
友人旦那さん
してます
私ねー 母親に探偵 雇われたこと あるんだけど
雇われた探偵は 依頼主に報告できる 段階になると
こういう人が あなたの情報を 知りたがっています 教えていいですか？
って来るから 必ず拒否して
不倫・浮気のみ 例外。
人さがし書
お母さんが あなたのことを

椿さんのお母さんが考えるのは世間体上の安否だろうし探偵は来ないと思うけど安心して!
探偵に絶対的権力はない
あっやべぇ思い出して寒気が
ぞっ
友人のトラウマになっていた
貯金少ないけど…これでアパート借りられるかなあ
モフ
モフ
俺が貯金ゼロの時でも保証会社が審査通してくれたから大丈夫
保証会社?
親が高齢とか無職で連帯保証人が立てられない場合に使うところ
物件は無職でも借りられるよ
うん
うん
モフ
モフ
無職だった時「求職中です」で通して審査通った
物件によりけりですが預貯金はあるけど職がない場合でも保証会社は保証してくれます
知らなかった
あの親は教えたがらない情報でしょ
保証会社パンフレット

バイトと物件
同時に探してれば
いつの間にか
決まってるよ
にぱっ
一人暮らしすると
百均に行く率が
高くなるぞ
モフモフ
かくまってくれた友人夫婦や
心配してくれた友だちに
お世話になりながら
新生活の準備を整えた
バイト
おへやさがし。
カーテン フロア
友だちのほうが
ずっと信頼できる
家族は…
血のつながり
だけじゃない
心のつながりが
大事なんだ

友人宅で3週間過ごし
初めて温かい家庭を感じた
ダンナと愛犬
毎日あんな感じ
すりすりすりすり
モフ
モフ
モフ
モフ
審査は問題なく通り
マンションの一室を
借りることとなった
やっほい
バイトを始めると同時に
引っ越しして一人暮らしへ
夜逃げ同然で
家を飛び出し
一人暮らしをして
感じたのは
ほぅ……
一人って
快適だ
安心と快適さ
だった

一人暮らしは驚くほど快適だった
わ〜〜い
ゴロ
ゴロ
うわ〜〜〜〜
最高〜〜〜〜
逃げる時に持ち出した貴重品8点
2つあると便利。
印鑑
保険証
国民保険証
パスポート
PASSPORT
マイナンバー
マイナンバーカード
年金手帳
社会保険庁
年金手帳
通帳・カード
Bank PASSbook
CashCard
Bank
JCB Card
電子マネーも忘れずに!!
印鑑証明書
印鑑証明書
ほか証明書
これがあれば家を借りられます
もう戻らないつもりで逃げるかつ暴力被害の証明をする場合はこれらを追加
携帯電話
必須!!
パソコン・データ
USB
HDD
診断書
○○病院
XXクリニック
お金
10000
着替え
預貯金30万以上あれば保証会社を使って賃貸契約が可能です
預貯金ゼロの場合生活困窮者へ物件を紹介する不動産屋を使いましょう
無職　生活保護
紹介可能　物件
などで 検索
スマ〇スターさんなど。

親から逃げるための再出発引っ越しの推奨項目
●荷物は必要なものだけ
家族がいない間に集荷に来てもらいました
ミカク10
くろねこひっこし
ドリタ便
本
ひっこしのキナコ
●住む場所は市内の別区または県越え
●引っ越したら連絡しない
転送届は早めに提出！
転送届
バイトにも慣れてきた時期
…制服が大きい気が…痩せたかも？バイト先の体重計借りてみよう
ぶかっ
ピッ
−12kg
!!
私の身長は高いほうだがもともと骨格が大きめで決して痩せてはいなかった
こんなかんじだった。
女性的記号がでかい
一人暮らし始めてから健康的な生活になったけど
キャベツなべ
野菜と肉が主食！
自家製ヨーグルト
野菜中心
それだけでここまで落ちるか…!?
その後もさらに痩せて合計で20kg減腹部〜下半身の脂肪だけが落ちた

下着も合わなくなり服を総入れ替えすると
3L↓M サイズ
すっきり
別人か
そういえば…
うちの家系も太めだから
あんたは餓死が一番ありえないわよね～
たべて たべて たべて
思えばストレス太りか…
制服変えたいって連絡しなきゃ…
ポロロロロロロ
あっ 店長もしもし
もしもし椿?お父さんだけど
反射的に出てしまったことを後悔しながら
…どうしたの
いやあ お前が何してるのかってな
…別に普通だよ元気にやってる
お父さんたち言いすぎたんだよ ごめんな
今度会わないか?

この時
父親とは
「年に一度
会うか会わないかの
距離感に
なればいいや」
と思っていた
電話から2週間後
カフェ・スモーキー
ペチュンキ
指定されたカフェにいたのは
ずいぶんと痩せた父親だった
ごめんな
お前に家を
継いでほしい気持ちが
強すぎたんだ
帰ってきてほしい
お前は大事な娘だから
反省しているような
口ぶりだった

それとあれ
あいつらいたろ
お父さんたちに
嘘の住所教えたあの
クソバカ友だち
あいつらとまだ
付き合いあんのか
…あるよ
友だちだもの
お父さん嫌いだなあ〜
ああいう人！ 大っ嫌い！
お前が世話になるからと
思って素麺送ったのに
嘘の住所で届けられなくて
なぜ嘘の住所を教えられたのか
考えないのだろうか
バイト大変だろ？
金は足りているのか？
痩せてるじゃないか
ちゃんと食べてるのか？
一人でやっていくのが
つらかったら
うちに帰ってこい
なんで
帰らなきゃ
いけないの？
だってお前とお父さんと
お母さん、家族の家だから

これ お金と
お母さんからの食料
手紙も入ってる
素直にもらって帰宅した
椿へ
椿が生まれた時は本当に嬉しかった。
けれど塞ぎこむ椿の力になれず
わかってくれるだろうと甘えてました。
仕事が大事で椿を支えられなかった。
ごめんなさい許してください。
母より
食料か… なんだろう
みかんとお菓子と 缶詰と…
ガサ
ガサ
ガサ
りんご まるごとプリンジュレ
りんご まるごと プリンジュレ
もも・ぶどう りんご・バナナ

どこまでなめくさってんだ
ポロロロロ
…何
椿か？次に会う日だけど今住んでるとこの住所…
もう会いたくない
なんでそんなこと言うんだ!! 俺はお前のお父さんなんだぞ!?
さっき中身 見たよ
私がりんごアレルギーってことすらも覚えてないんだね

なんだ
そんなの
「これ入ってたよ～
食べられないんだよ」で
お母さんを
許してあげれば
いいじゃない
お母さんはお前を
思って…
もういい
言葉は通じるけど
会話が通じてないよ
だからなんなんだ
その口のきき方は!!
お前と俺は親子なんだ！
お前は変わったな
本当に変わった！
あの悪い
友だちのせいだろ！
なんだあの！キ○○イ！
お前を預かりますの挨拶も
しなかったあのクソ女！
まずな お前な
どうしてあの時
あの二人連れてきた!?
おかしい親子だった
あの下品な顔と言動
思い出すだけで
イライラする！
私の大事な友だちを
侮辱するのは
絶対に許さない
もういいよ
本当のこと
今から言うね

「個人情報聞かれたら適当なことを言ってほしい」って私から言ったんだ
共通の友人
あの二人は私の大事な友だちで私を守るために戦ってくれた
家族ってなんだと思う? 心のつながりだよ 血のつながりなんて関係ない
違う
血のつながりがあっても心がつながってないと家族じゃな
違う!!
血が全て
じゃあ俺とお前は家族じゃあないんだな!? よーくわかった!!
墓にも入らないんだな
家も継がないんだな
家の鍵も返せ!
保険も抜けろ!
お父さんの代で家は終わり!
それでいいんだな!?

心のつながりがないと
家族は保てないよ
だって 心が全く
伝わってない
ぽろ
ぽろ
ぽろ
どうしてそんなこと
言う子になったんだ?
あの悪い友だちのせいだろ
あんなキ○○イと
仲良くなるから
一人で生きてけ
親もいない
寂しい人生に
オレに娘なんて
いなかった!!
椿なんか
もういらねえよ!!
どうして
なんで

「年に一度会うか会わないかの距離感になればいいや」じゃダメだった
「近寄らなければいい」それだけじゃ親は対処できない
うるせぇよ
何が家だ
何が家族だ
すべての手段を使って絶縁しないとこちらの意図が伝わらない
この夜
私は分籍を決意した

分籍と住民票閲覧制限

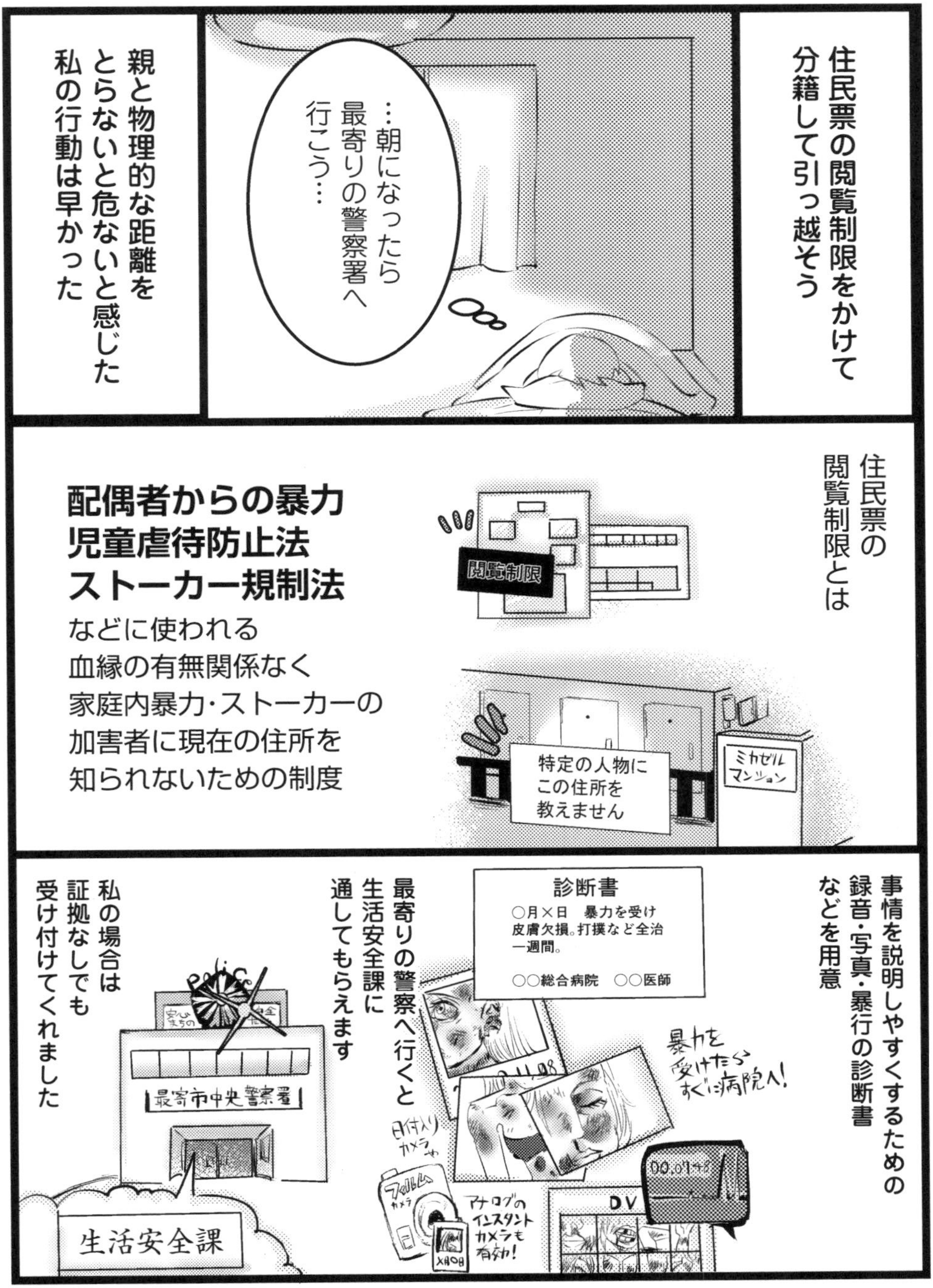
住民票の閲覧制限をかけて
分籍して引っ越そう
…朝になったら
最寄りの警察署へ
行こう…
親と物理的な距離を
とらないと危ないと感じた
私の行動は早かった
住民票の
閲覧制限とは
閲覧制限
配偶者からの暴力
児童虐待防止法
ストーカー規制法
などに使われる
血縁の有無関係なく
家庭内暴力・ストーカーの
加害者に現在の住所を
知られないための制度
特定の人物に
この住所を
教えません
ミカゼルマンション
事情を説明しやすくするための
録音・写真・暴行の診断書
などを用意
診断書
○月×日　暴力を受け
皮膚欠損。打撲など全治
一週間。
○○総合病院　○○医師
暴力を
受けたら
すぐに病院へ!
日付入り
カメラや
フィルムカメラ
アナログの
インスタント
カメラも
有効!
DV
最寄りの警察へ行くと
生活安全課に
通してもらえます
私の場合は
証拠なしでも
受け付けてくれました
最寄市中央警察署
生活安全課

生活安全課にて
すべての事情を説明
大変
でしたね…
血縁者…
加害者が両親の
場合でも 制限は
可能なのでしょうか
可能です
「住民基本台帳における
支援措置」は 加害者に
住所を知られていない
ことが大前提ですが
知られていても
制限はかけられます
前提
閲覧制限
避難先
避難先を知られずに
済むために
知られている場所で
閲覧制限をかければ
それ以降は調べられません
私の調書を手に
生活安全課の人が席を外した
避難先を知られずに
済むために
知られている場所で
閲覧制限をかければ
それ以降は調べられません

閲覧制限は
ストーカーや元配偶者から
住所を知られたくない人が
使う制度
これを活用して引っ越しを
すれば 居場所が割れる
可能性が格段に低くなる
NO
MY HOME
戸籍上
ずっと
ファミリー
分籍は親の戸籍から
子どもが抜ける時に使う制度
たとえ閲覧制限をかけても
血縁者は戸籍が同じで
ある限り 子どもの住所を
調べることができる
閲覧制限と分籍を
同時に行ったら
血縁でも居場所が
割れないはず
毒親に住所を
知られたくない場合は
この方法が確実
緊急性があると
判断されたので
2週間後には
閲覧制限許可証である
「支援措置決定
通知書」が
ご自宅に届きます
ペコ
ありがとう
ございます
2週間後
「支援措置決定通知書」が
届いた
支援措置決定通知書
許可
「支援措置決定通知書」は
住民票・戸籍の附票《ふひょう》
両方に閲覧制限をかける
効果があります
期限は1年間
期限前に役所から
お知らせが届きます

母から突然
メールが届いた
これを持って市役所に…
お父さん怒ってるけど、、こんな形で
終わりにするの？ このままではみんな
幸せにはなれないでしょ
椿の優しい心はどこに行ったの
家を継がなくても椿がそれでいいのなら
相談して決めていけばいいことでしょ
私たちにも責任があるから、、
椿が家に帰ってきて、
外に出るならたまに旅行するのは
どうかな？
何が旅行だ
母親から もしも電話が来た時 反射的に出ない ようにしないと…
何か… 何か良い策は…
よっしゃコレで！
母
Contant list
Relatives
呪いの電話
×××-××××-×××
〒000-0000
どん
スマホ上での 母の名前表記を 変えた
面倒な親から逃げる方法に「結婚」が一番に来てしまいがちですが「分籍」の選択もあります
何が家だ… ぶっ殺すぞ…
市役所で 一刻も早く 分籍してやる

ここで説明
分籍について
子が親の戸籍を抜ける時に使う制度
New!!
Offspring
Parent family register
My Own family register!
条件は2つ
○ 分籍を届け出るのは本人であること
○ 成人であること
＊結婚している場合は、結婚により親の戸籍から離脱して配偶者と新戸籍を作るので分籍は不要（閲覧制限などの措置は必要に応じて申請する）。
お住まいの市役所ほか同等の公的機関にて手続きを行う際に必要なもの
免許証
MyNumber
分籍届
• 分籍届
• 戸籍謄本
• 印鑑
• 身分証
コレ
分籍届の用紙は役所でもらえます
支援措置決定通知書を片手に市役所へ行くと戸籍課に通された
戸籍課
よろしくお願いいたします
ペコ
両親へ閲覧制限をかけていて引っ越して絶縁したくなり分籍の手続きにきました
了解しました
では分籍の説明をさせていただきます

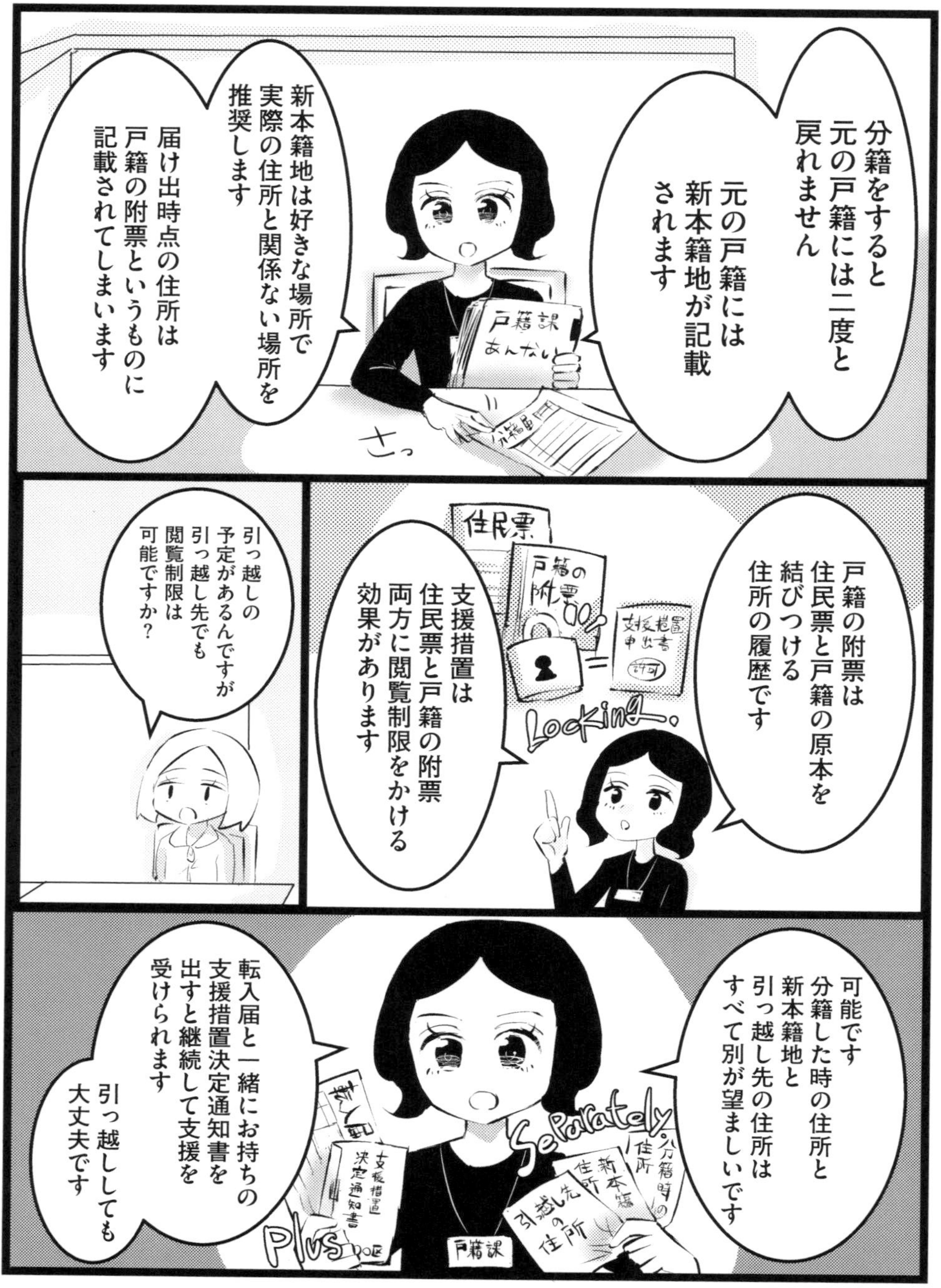
分籍をすると
元の戸籍には二度と
戻れません
元の戸籍には
新本籍地が記載
されます
戸籍課
あんない
新本籍地は好きな場所で
実際の住所と関係ない場所を
推奨します
届け出時点の住所は
戸籍の附票というものに
記載されてしまいます
さっ
戸籍の附票は
住民票と戸籍の原本を
結びつける
住所の履歴です
住民票
戸籍の附票
支援措置申出書
許可
Locking.
支援措置は
住民票と戸籍の附票
両方に閲覧制限をかける
効果があります
引っ越しの
予定があるんですが
引っ越し先でも
閲覧制限は
可能ですか？
可能です
分籍した時の住所と
新本籍地と
引っ越し先の住所は
すべて別が望ましいです
Separately.
分籍時の住所
新本籍
引越し先の住所
戸籍課
支援措置決定通知書
Plus
転入届と一緒にお持ちの
支援措置決定通知書を
出すと継続して支援を
受けられます
引っ越ししても
大丈夫です

＊３カ月以上経っていても相続放棄できる場合があるので、専門家（弁護士）に相談してください。

ですが 分籍は
人工的な疎遠として
強い効果を発揮します
戸籍課
家柄
継ゲ
子供 23代目 墓守 跡取り
ドン
人工
プチ
人工的…
たしかに 特に
家だの墓だの
うるさい人には
効果てきめん
尾添さまは
閲覧制限も行っているので
大丈夫だと思いますが
不安であれば
転入先最寄りの警察に
閲覧制限と分籍のことも
含めて相談してください
市役所 西区 西王子 戸籍課
この時の職員さんが
とても理解のある方でした
分籍の時間は30分ほど
手間もなく
簡単に終わった
新 戸籍
尾添《おぞえ》 椿《つばき》
パスポートが楽に作れました。
自分だけの
戸籍を取得!

郵便局で住所変更手続きをしたあと
市民税課
ここを離れるし税金のことも聞いておこう
市税証明書もらっておくか
…なんだこの金額は…??
待て待てこんな金額納めた記憶ないぞ
たしか家の税理士さんが…
金額、家、税理士見たことのない金額
思えば謎だった
家を継いでほしいという感情論で片付けるにしても継ぐなら社会経験は積んだほうがいいというのに
なぜ進学も就職もさせなかったのか

「自営業の税を浮かせるために私を家に置いて雇っていることにしていた」なら私が進学や就職をすることは書類上の問題になる
法人などの
税
ぷか
ぷか
自営のおうち
つまり脱税
…そういや頻繁に家の車が買い替えられてたなあー…
そっか～自営業も楽じゃないよね～相続された土地ひとつでやってるもんね～
お金が大変で架空の従業員作成して税金浮かせるなんて自営業あるあるだよね
ギリィ
Goo0gle.
検索履歴
猟銃 購入
過失致死 罰金
日本刀 購入
猟銃 免許
サイレンサー
花瓶の水 毒
キノコ 間違えた
山菜 間違えた
楽に逝けると思うなよ

まあいっか
もう他人なんだし
年金手帳はあるし
どうにかなる
市税
毒親だけでなく
夫婦間の精神・経済的暴力の
証拠や一時保護施設での
資産証明のひとつとして
課税証明書が使える
場合があります
モラハラ旦那が
「食わせてやってる」と
言い出したら
課税証明書で確認
税
モラハラ
税
税金が払われてなかったら
経済的暴力
旦那の口座から払われていた場合
引き落とし口座を変更しよう
市税証明書は
市役所で発行
できます
あんのクソ親ども
玉ねぎみたく
みじん切りにしたろか…
ギギギ
そういや保険証
社会保険の扶養
だった
これも
抜けたいな
相談して
みよう
ぽい

保険相談センター
今の時点では社会保険は会社側の提出がないと抜けることができません が…
相談係
年1回 2月頃に発行される11月から翌年10月までの診療分を掲載した「医療費通知」は
X年X月
○○○○様
医療費通知
被扶養者の申し出により郵送通知を止めることができます
医療費通知には被保険者・被扶養者が受診した医療機関詳細が記録されています
被保険者からの強い要求がない限り医療費通知は発行しません
STOP!!
医療費通知
病院の住所から居場所が…ありえなくはないので…
家族経営のトラブルで社会保険を抜けられる例が最近はありますので…
ヒソ
ヒソ
暴力配偶者・血縁者から逃げるのを視野に入れた場合医療費通知が作られる新しい秋が来る前に引っ越しをするのが望ましい
このあと抜けられました

携帯番号も変えたいな…これにかかってくる可能性なきにしもあらず
格安SIMを契約
SIM
白ロム スマホ
キャリアメールを使わないなら SIMが使いやすい。
SIM使いたかったし安く済ませられるし新しい電話番号なら親からの電話もない
ラインで連絡は足りるし一番安いプランなら月2千円
新規電話番号でラインのアカウント作成すれば困ることもない
SIMについて
SIM
連絡来ないだけでも心にゆとりが生まれる
安心!
ほっ
電話帳の人外魔境(父親の番号)と呪いの電話(母親の番号)はそのままにしておいた

よし
荷造り終了!
Outfit
引っ越し
分籍と閲覧制限を
済ませた私は
引っ越す
ことにした
毒親から逃げる際の
理想の引っ越しとしては
必勝
分籍届
実家で分籍して大丈夫
New HOME
支援措置申出書
・親が知っている場所で分籍
・閲覧制限をしてから引っ越し
・不安な場合はさらに引っ越す

…一番最初の引っ越しを思い出す…
決まって1カ月もしないうちに引っ越して
おわかれ会
学校の友だちとは突然の別れになってしまった
…友だちに会えなくなるのがつらいな
もしもし今度会える？
うんうんそしたら…
引っ越すんだ！もしかして関東あたり？
うん生まれ育ったところに帰る
モフ
モフモフ
もともと関東方面にいたしいい機会だね椿さんならどこでもうまくやっていけるよ

「うまくやっていける」
「これからいいこと たくさんあるよ」
つかトーキョー 月1で行ってるしヨユー
友人はみんな そう言ってくれて 笑顔で送り出してくれた
引っ越ししてからも ずっと連絡をとっていた 地元の友人たちは 帰郷を歓迎してくれた
帰ってきたら 引っ越させねー かんな!
そして最後に 会いたい人がいた
報告に行こう
クリニック
ガーーッ
心理士さん 今日はいない のかな
あら 尾添さん!

元気してたかい？
ガタッ
ニコ
ニコ
分籍も閲覧制限も終えたので引っ越すことにしました
いろいろあったけど自分のために自分の人生を生きるのが正しいなって思えたので
この人がいなければ私は 親を断ち切れなかった
あなたに会えなかったら私は気づけなかった最後にどうしても会いたくて
ぼろ
ぼろ
ぼろ

泣かないの！
一生分の涙は
とっくに流しただろ？
わしゃ
わしゃわしゃ
ぼろ
ぼろ
ぼろ
ぼろ
あんたは
両親と違う人間だ
胸を張って
生きるんだよ！
「胸を張って
生きるんだよ」
どばー
ほら
ティッシュ
その言葉は
今も私の中で
生きている

勝手に期待し
勝手に見放した親に
振り回される人生だった
守られる対象として
守られたことがない
殺伐とした性格は
理不尽を受け入れた結果だった
自分自身が自由になるため
育った家庭と環境を捨てて
自分のために生きる人生を
歩む道を手にした
AirPort

エピローグ

親から物理的に
1000キロ以上離れ
首都圏の片隅で暮らし始めた
原宿
銀座
仕事をしながら漫画を描く生活は
忙しくも充実している
パソコンかえして
にゃっ
これから
幸せなこと
たくさん
あるから!
人生
これから
でしょ
うんうん
でもほんと
良いほうに行って
よかった
つーわけで
かんぱーい!!
イエーイ

ほんとおめでとー
これで自由じゃん
夜逃げって聞いた時は
どうなるかと思ったけど
うまくいって本当によかった
もぐもぐ
オリジナルイメージ
100のクリームカフェ
フルオーダー
パフェ＆カクテル
手続きの数は多くても
難しくなかったし
とんとん拍子でいけたよ
おいし
両親から逃げて
住民票の閲覧制限と
分籍をした

周りの反応は
親が死んだあと家にいればすごく便利だよ
家にいればお金に絶対困らないのに
といったものだったり
事情をすべて打ち明けた人からは
あんな親の元で自殺しなかったの奇跡
友だちになれて嬉しいよ話してくれてありがとう
あなたが生きててよかった
家庭環境が見えるのと見えないのでは意見が違う
逃げるまで誰にも打ち明けてこなかった

外からは見えない虐待を
ずっと受けていた
「あなたは虐待を受けていた」
と言われてもピンとこないけど
あなたは
一人の〝人間〟なの
胸を張って
生きるんだよ

これは私が
自分のために
生きることを
決意するまでに

人として生きるために
自分の人生を
手に入れるべく
自分を産み育てた
両親と決別したこと

血のつながりに
勝るものがあり
みんなそれに
生かされている
ということ

人が生きるためには
心のつながりが
何よりも大切だと
知るまでの話

あとがき

「作者大丈夫??」と感じるかもしれませんが作者は元気です。
慢性体調不良とはおさらばしました。
関東へ帰郷してから風邪すらひきません。
現在はトラウマ治療専門クリニックに通院中。
描くのが生きる指針なので漫画は描けてるんだな、これが。
髪が伸びた。
節々の出来事を漫画にして担当Sさんと「作品」にしたものが初単行本となりました。
大切な友人、大事な人にお世話になりながら描いた一冊です。
誰かの心に残る漫画になれたら、とても嬉しいです。
my life
high School
elementary
またどこかでお会いできることを願って！
Special Thanks to…
敬称略。
Editor 齋藤和佳
Designer 坂根舞
BFF…
N家 N.A N.R
T.A H.R M.T
M家 W.A
T心理士
心より感謝。
Like. Coffee
モフ モフ

「分籍や閲覧制限について書きたい」と言った私に「一番古い記憶から書けますか？」と聞いた担当さんは、いろいろなことを見抜いていたように思います。一人の毒親サバイバーが、すべての手段を使って絶縁に踏み切るまで何があったか。長い時間をかけて心身を治療し、心理士さんの言葉を受け止めるまで、自分が虐待されていると認識していませんでした。殴られてもいないし性的な虐待もされていない。私は「よくあること」だと思っていたから虐待なんて受けてない。目に見えない虐待を受け続け、誰の力も支えもなく生きてきて、逃げる時に友だちを頼ってから、やっと「人は一人で生きられない」と思った私は、これからの人生の課題が山積みです。

トラウマ治療専門医には、「現在見られる発達障害の症状は、長期的な虐待の後遺症かもしれない」という指摘があり、毒親問題に隠れてしまいがちな被虐待児の成長後のすべて、生きづらさと社会性の問題、心理的問題を生む要因には問題が幾重にも複雑に絡み合い、虐待がどれほどまで深い傷を残していくか、身をもって体験することになりました。人によっては命よりも大事なものである、家を捨て、とある末裔であることを捨て、家族らしき何かを断ち切りました。残ったのは、絵を描くことだけ。これだけは手放すことをせず、生きている限り人は変化し続けると信じた私です。

「子どもを作るのが嫌で逃げた話」ではありませんし、「当事者以外の方に当事者のことを知って欲しい」という意図で書いた本でもありません。家族という形から生み出される複雑な問題の、解決策のひとつを描きました。

私の選択肢が、結婚や離婚、養子縁組や里親などと同等に「家族」の選択肢のひとつになる頃に、この漫画を読んだ人が「昔はこんなことがあったの!?」と思う日が来るのが楽しみです。

最後に、私自身の報告から参ります。生まれ育った関東地方に戻り大変充実した日々をすごしています。漫画を描く生活を手にして、本当に幸せです。安全地帯に住みはじめたことにより、凍結した記憶が少しずつ現れるのを見越した友人の名采配によりトラウマ治療専門クリニックに放り込まれ、現在治療中です。元気に働けても、行動できても、長い目で見た時に起こる事態を防ぐために治療しています。生きることの救済は死ぬことではなく、変化を求めて生きる心だと思います。何回か死にかけても、描くことを諦めなかった私は、今後もずっと描き続けます。

本書に時間を分けてくださったこと、とても感謝しています。

あなたが血縁に縛られていること、家族に苛まれ自分の選択権を消さないといけないこと、周囲の無理解により孤独しか選べなかったこと、親を否定することができないこと。それらの苦悩は受け入れるべきではないものだということ、親を手放す選択があることを知ってほしい。あなたが何者にも邪魔されない幸せを私は常に願います。

これからどういう日々が訪れるか今のところ未知数です。どこかでご報告させていただければありがたいです。

2020年12月某日

尾添椿

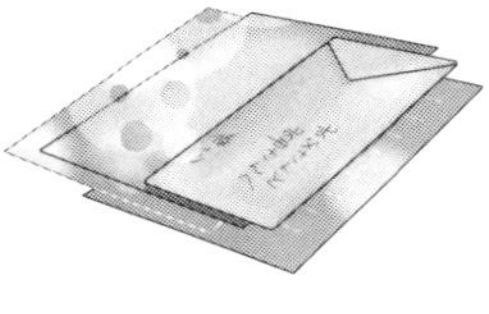

生《い》きるために毒《どく》親《おや》から逃《に》げました。

コミックエッセイの森

2021年2月22日　第1刷発行

［著　者］　尾添《おぞえ》椿《つばき》

［装　幀］　坂根 舞（井上則人デザイン事務所）

［本文DTP］　小林寛子

［編　集］　齋藤和佳

［発行人］　北畠夏影

［発行所］　株式会社イースト・プレス
〒101−0051
東京都千代田区神田神保町2-4-7 久月神田ビル
TEL03-5213-4700　FAX03-5213-4701
https://www.eastpress.co.jp/

［印刷所］　中央精版印刷株式会社

ISBN978-4-7816-1956-9 C0095

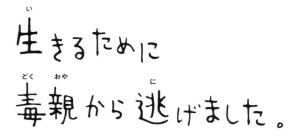